W9-BCJ-154

Festividades

Por Frieda Wishinsky
y Cynthia Benjamin

CELEBRATION PRESS
Pearson Learning Group

Contenido

Introducción

Durante muchos años la gente
en todo el mundo ha celebrado días
festivos especiales. Este libro cuenta
sobre algunas de esas festividades.
Algunas honran sucesos en la
historia de un país. Otras
permiten que la gente muestre
agradecimiento o respeto.
Todas las festividades le dan
a la gente la oportunidad de
reunirse para divertirse.

3

Cinco de mayo

Los mexicanos y los mexicanoamericanos celebran un día festivo que llaman Cinco de mayo. En esta festividad se celebra la fecha de una gran batalla en la historia mexicana.

La Batalla de Puebla

La gente que celebra el Cinco de mayo normalmente se pone ropa tradicional mexicana. ▶

En 1862, miles de soldados franceses comenzaron a marchar a través de México. Ellos pensaron que rápidamente derrotarían al ejército mexicano.

Pero se equivocaron. El ejército mexicano no tenía tantos soldados o armas. Aún así, el 5 de mayo de 1862, derrotaron al ejército francés en la Batalla de Puebla.

La Batalla de Puebla sucedió en Puebla, México.

Más tarde, los estadounidenses ayudaron al ejército mexicano a expulsar a los franceses de México. Hoy los mexicanos y los mexicanoamericanos celebran el Cinco de mayo para recordar la victoria. En este día hay muchas fiestas, bailes y discursos.

El Cinco de mayo muchos niños participan en desfiles por las calles.

Año Nuevo chino

No todos celebran el Año Nuevo el primero de enero. En el calendario chino, el primer día del año cae entre mediados de enero y mediados de febrero. Muchas personas en el mundo entero celebran el Año Nuevo chino de diversas maneras.

Esta niña viste ropa roja de seda para el Año Nuevo chino. Muchas personas chinas piensan que el rojo trae alegría y felicidad.

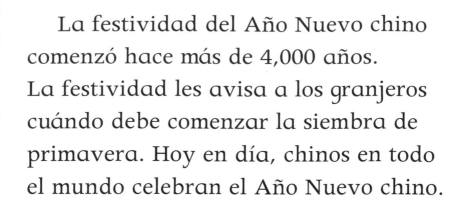

La festividad del Año Nuevo chino comenzó hace más de 4,000 años. La festividad les avisa a los granjeros cuándo debe comenzar la siembra de primavera. Hoy en día, chinos en todo el mundo celebran el Año Nuevo chino.

Dentro del disfraz de dragón, los bailarines mueven el cuerpo del dragón y hacen parpadear sus ojos.

El día dol Año Nuovo chino los niños reciben sobres rojos con dinero.

La festividad del Año Nuevo chino dura quince días. El primer día todos visten ropa nueva. La gente baila por las calles. Muchos desfilan con disfraces de dragón o león.

La festividad del Año Nuevo chino termina con el Festival de faroles. Los comerciantes cuelgan fuera de sus tiendas faroles de papel alumbrados. La gente participa en desfiles llevando faroles por las calles.

Día de las madres

En marzo, abril y mayo, la gente en muchos países honra a sus madres. Algunos expertos en historia piensan que las primeras festividades del Día de las madres fueron festivales celebrados en la antigua Grecia y Roma.

En el Día de las madres muchos niños en el mundo entero hacen tarjetas para sus mamás.

Hace cientos de años se celebraba en Inglaterra un día festivo llamado Domingo maternal. Esta festividad se celebraba en marzo o abril. Los trabajadores visitaban a sus madres y les daban pequeños regalos o tortas.

El Domingo maternal todavía se celebra hoy en día en el Reino Unido.

Mucha gente celebra el Día de las madres gracias a una mujer llamada Anna Jarvis. Ella quería que Estados Unidos fijara un día para honrar a las madres. Envió muchas cartas a gente en el gobierno de EE.UU. En 1914, nombraron al segundo domingo de mayo, Día de las madres. Ese domingo también es el Día de las madres en Canadá, Australia, Japón y otros países.

N'cwala

Todos los años en febrero se celebra un festival de la cosecha en el este de Zambia, un país en África. Al festival lo llaman N'cwala o "primeros frutos". Lo celebran los ngoni, un

Bailarines ngoni marchan al festival.

pueblo que vive en esa zona. En N'cwala los ngoni también honran el día que se establecieron en Zambia por primera vez, en 1835.

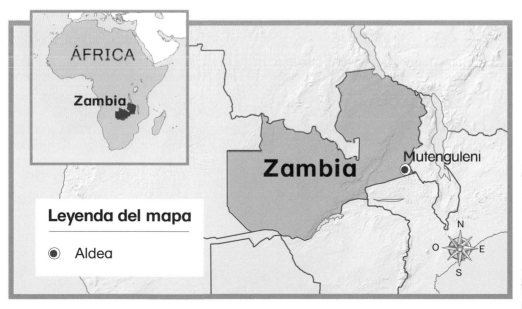

ÁFRICA

Zambia

Zambia

Mutenguleni

Leyenda del mapa

⊙ Aldea

N
O · E
S

El festival N'cwala se celebra en el pueblo Mutenguleni.

El baile siempre ha sido parte importante de N'cwala. Los mejores bailarines de doce aldeas participan. Practican el día antes de la festividad.

Este niño ngoni viste un traje tradicional para el baile.

tocado de pelo de cebra

***n'kholi* (bastón de madera)**

escudo de cuero y piel

Las mujeres ngoni hacen un círculo alrededor
de los bailarines.

Cada grupo de bailarines baila una danza
de guerreros. Al mismo tiempo las mujeres ngoni
dan palmadas y cantan. Sus canciones cuentan
lo fuertes y feroces que son los bailarines.

Es un gran honor bailar
en un festival N'cwala.

Día de acción de gracias en Canadá

Mucha gente celebra para dar gracias por lo que tiene. En Canadá, un día de dar gracias tiene lugar en octubre. Es el tiempo de la cosecha de otoño en el país.

Algunos pueblos canadienses celebran ferias cerca del Día de acción de gracias.

Sir Martin Frobisher exploró la Isla Baffin y otras zonas árticas del norte de Canadá.

El primer Día de acción de gracias de Canadá se celebró en 1578. Sir Martín Frobisher, un explorador de Inglaterra, pisó tierra en una isla en el norte de Canadá. Celebró para dar gracias por terminar su viaje a salvo. Muchos años después, en 1957, el gobierno de Canadá nombró al segundo lunes de octubre, Día de acción de gracias.

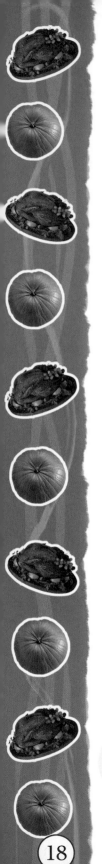

Día de acción de gracias en Estados Unidos

En Estados Unidos, el Día de acción de gracias se celebra el cuarto jueves de noviembre. Ha sido un día festivo desde 1941. Sin embargo, el Día de acción de gracias se celebraba mucho antes de esa fecha. Los Peregrinos, colonos de Inglaterra, celebraron para dar gracias en 1621.

Muchos estadounidenses comen pavo el Día de acción de gracias.

Los Peregrinos habían construido un poblado en Massachussets el año anterior. Los indígenas norteamericanos del lugar les habían enseñado a cazar, pescar y sembrar cosechas. Los Peregrinos celebraron su abundante cosecha con tres días de fiesta. Invitaron a los indígenas norteamericanos vecinos para agradecerles su ayuda.

El banquete de Acción de gracias de 1621

Día de Australia

El Día de Australia es la festividad nacional más grande de Australia. Se celebra el 26 de enero. Los australianos celebran el pasado y el futuro del país en el Día de Australia.

La gente llena las calles para ver los desfiles del Día de Australia.

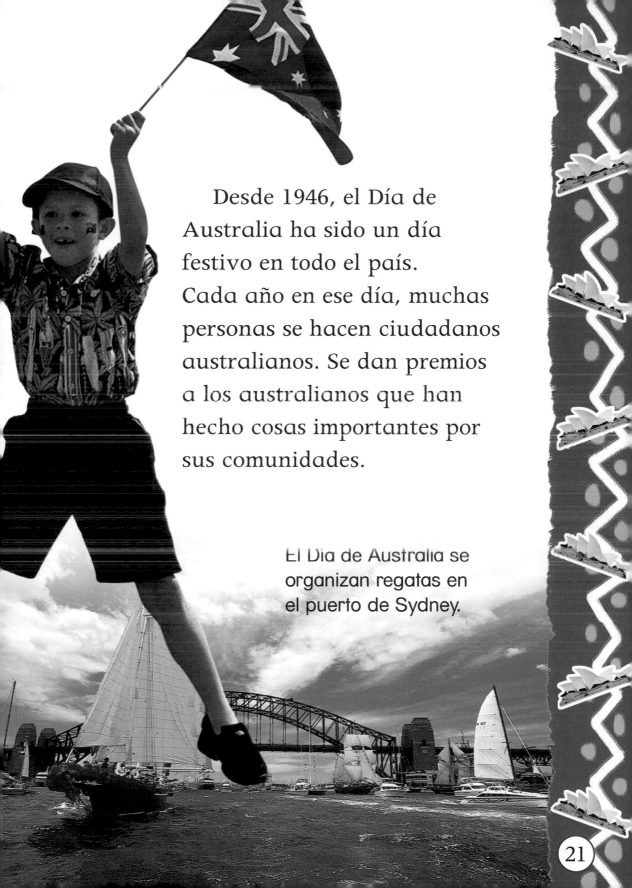

Desde 1946, el Día de Australia ha sido un día festivo en todo el país. Cada año en ese día, muchas personas se hacen ciudadanos australianos. Se dan premios a los australianos que han hecho cosas importantes por sus comunidades.

El Día de Australia se organizan regatas en el puerto de Sydney.

Se realizan muchos eventos el Día de Australia. La gente marcha en desfiles. Actores representan la historia del pueblo australiano. Hay competencias deportivas y espectáculos musicales. Muchas personas lo pasan muy bien el Día de Australia.

Muchas familias australianas van a la playa para celebrar el día.

Un año de festividades

¿Cuándo son los días festivos que celebras?

	Festividad	Fecha
	Año Nuevo chino	entre el 21 de enero y el 21 de febrero
	Día de Australia	26 de enero
	N'cwala	24 de febrero
	Domingo maternal	en marzo o abril
	Cinco de mayo	el 5 de mayo
	Día de las madres en muchos países	segundo domingo de mayo
	Día de acción de gracias en Canadá	segundo lunes de octubre
	Día de acción de gracias en Estados Unidos	cuarto jueves de noviembre

Índice